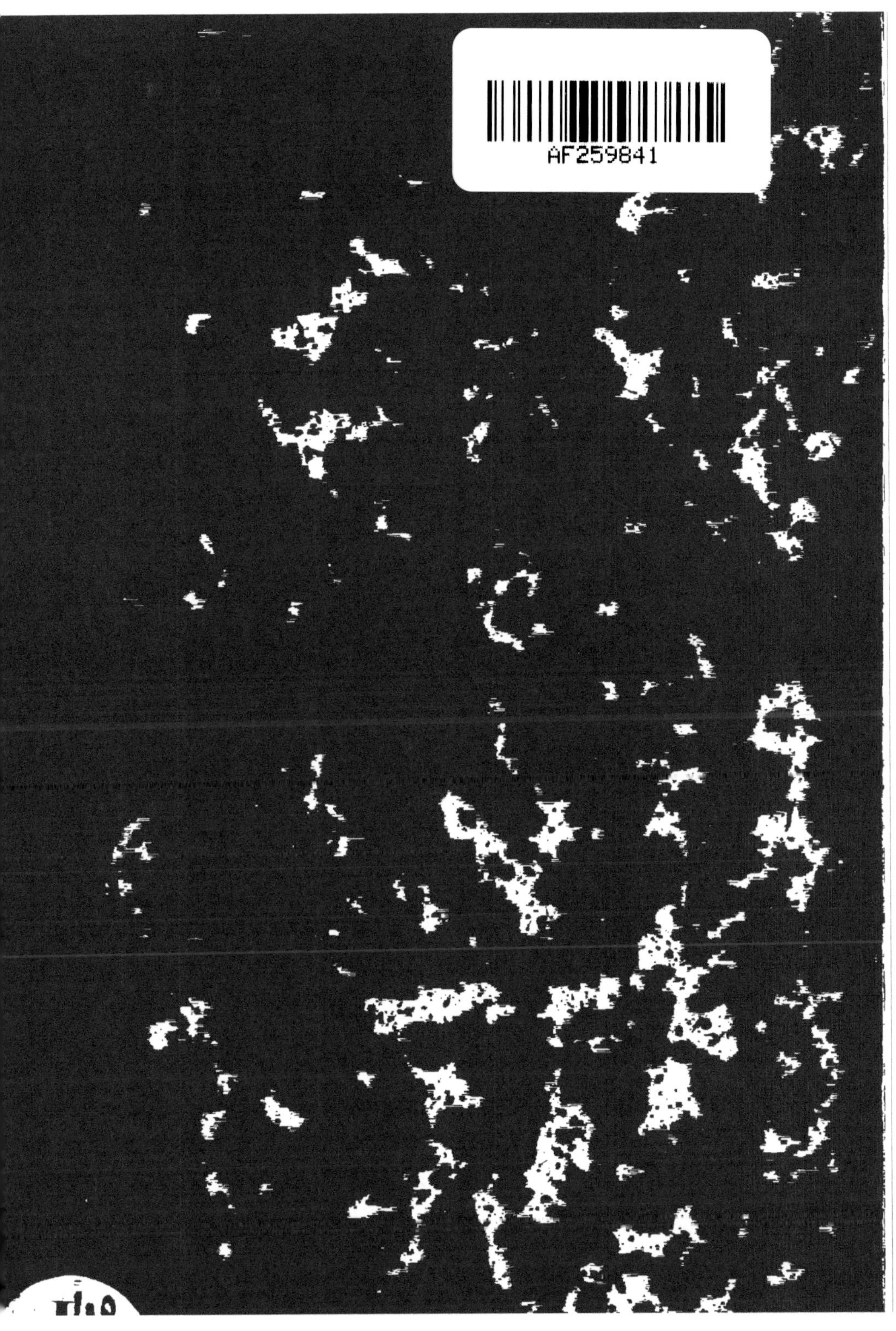

AF259841

DE LA NÉCESSITÉ
ET DES MOYENS
D'OCCUPER AVANTAGEUSEMENT
TOUS LES GROS OUVRIERS,

PAR M. BONCERF,

De la Société Royale d'Agriculture & l'un des Administrateurs de la Ville de Paris.

A PARIS,

De l'Imprimerie de LOTTIN l'aîné, & J.-R. LOTTIN,
Imprimeurs Ordinaires de la Ville, rue S.-André-des-Arcs.

1790.

A V I S
TRÈS-IMPORTANT.

APRÈS l'accueil que le Public a fait à l'écrit qu'on réimprime avec des augmentations, il est très-étonnant qu'il soit demeuré sans effet. Il faut donc révéler les causes qui ont fait échouer, ou ajourner, les plus importans articles du Décret proposé à l'Assemblée Nationale, comme suite de cet écrit. Nos ennemis ont senti qu'en ouvrant des travaux dans tout le Royaume, on disperseroit les Ouvriers malheureux, & qu'on les mettroit à même de travailler utilement, de devenir propriétaires, & qu'il seroit impossible aux ennemis de la Constitution, de les rassembler pour travailler à notre ruine. Ils ont donc proposé dans l'Assemblée Nationale tantôt l'ajournement indéfini, tantôt le renvoi à la prochaine Législature, ou enfin la question préalable. C'est par ces moyens insidieux que les anti-Patriotes écartent, depuis près d'un an, le plan salutaire des desséchemens & des replantations qui devoient disperser nos

Ouvriers , & préparer la félicité publique, pour accueillir le plan de Canaux qui doivent les réunir tous , & les former en une maffe qu'on médite de précipiter fur nous. Ce Canal ou ces Canaux ne fe feront pas ; il n'y a & n'y aura jamais de fonds pour les entreprendre , parce que leur foible utilité ne peut indemnifer les Action-naires. Les ennemis de la révolution au-roient été d'autant plus fûrs d'avoir à l'inf-tant une armée prête à tout, que le nombre, la misère , le défœuvrement, l'efpérance fruftrée de ces Ouvriers appellés de toute part , les auroient rendus fufceptibles de toutes les impreffions & de tous les mou-vemens. Ce projet coloré de l'intérêt le plus affectueux pour le pauvre , a féduit les Patriotes fans défiance ; le piége étoit affez mafqué pour tromper les gens de bien ; & ils ont été trompés. Le Comité, auquel ce projet fut d'abord préfenté, de-manda où étoient les fonds , qui, quand & comment on les fourniroit. Faute de réponfe, le projet fut rejetté ; il auroit dû l'être de même par tout. La Municipalité a fait les mêmes queftions au Porteur du Plan ; il s'eſt retiré ſans répondre, il a manqué aux rendez-vous qui lui ont été donnés pour s'expliquer. Le myſtère eſt révélé; le projet ceſſe d'être dangereux; mais les bons Citoyens doivent ſe rallier pour faire connoître à l'Aſſemblée Nationale le piége qui lui a été tendu, & pour lui demander promptement les Décrets qui lui ont été propoſés ſur les deſſéchemens, & ſur la propriété des terreins incultes & inſalubres. On connoît la puiſſance de la vérité; on ſait qu'elle peut être méconnue pendant quelque-tems, & être trahie par des manœuvres : le tems vient déchirer le voile dont on a voulu la couvrir; le génie de la Patrie veille ſur nous; il anime les indifférens; il donne des forces aux foibles; il ſe ſert des mains les moins habiles pour tracer à la Nation la route qui doit conduire à la proſpérité & au bonheur; l'Agriculture, l'Agriculture, Amis & Concitoyens! & les Arts & le Commerce proſpéreront. Et ſur-tout commencez par avoir des pâturages & des prairies ; ils vont ſortir des eaux de vos Marais & de vos Etangs, les Beſtiaux les couvriront; & vous preſſerez vous-mêmes ces fromages que vous achetez de l'Etranger ; vous dépouillerez les cuirs que vous cherchez au loin ; nos marchés abonderont de vos propres richeſſes , & non de celles des peuples éloignés.

Déſormais vos Miniſtres, au lieu de projets de Finances , méditeront les moyens de féconder de plus en plus votre heureux ſol ; la ſalubrité ſera l'objet de leur vigilance ; &, par leurs ſoins aſſidus, la main la plus foible aura une occupation utile ; les arts, ces enfants du génie qui multiplient les jouiſſances , les valeurs & les forces , ces arts qui protégent notre foibleſſe contre les rigueurs & l'intempérie des ſaiſons, embéliſſent la nature , perfectionnent & centuplent nos puiſſances ; le commerce qui rapproche & diſpenſe, diviſe & réunit les bienfaits de la nature & des arts, ſeront portés à leur perfection, par les ſoins des miniſtres, qui ne ſeront plus occupés à perfectionner l'aimant qui attiroit l'or des peuples, mais de lui donner le mouvement générateur. Eh bien ! C'eſt l'agriculture perfectionnée, qui produira tous ces biens ; c'eſt elle qui, s'élevant ſur les ruines du régime féodal, verfera l'abondance, qui animera tout. C'eſt du fein des marais qu'elle ſortira. La main qui aura la première frappé le coup mortel aux droits féodaux, ne ſera pas moins honorée d'avoir auſſi tracé les canaux de deſſéchemens, & marqué à la Nation la ſource qui doit alimenter ſes manufactures, & occuper ſans fin tous les bras, dont l'oiſiveté actuelle fait ſon affliction.

La corne d'abondance n'eſt que l'emblême des richeſſes que nous procure l'utile compagnon du laboureur; les hommages rendus au dieu Apis ſont l'expreſſion de la reconnoiſſance. La toiſon d'or n'eſt autre choſe que l'image des avantages que le mouton procuroit aux nations qui élévoient les races qui portoient les plus belles laines. D'autres allégories ont préſenté les bienfaits des deſſéchemens. L'hydre du marais de Lerne vaincue, eſt un marais deſſéché ; (*hydros*, l'eau; *hydra*, le ſerpent d'eau) ; les oiſeaux du lac Stymphale, tués par Hercule, ſont les exhalaiſons diſſipées par le deſſéchement; la corne arrachée au fleuve Achéloüs, eſt encore un emblême d'un bras coupé à ce fleuve. Ainſi, les deſſéchemens des marais, & le refferrement du lit des fleuves, ont été mis au rang des plus grands bienfaits, & ont placé leurs auteurs au rang des demi-dieux.

Ce font ces bienfaits, ce font ces tréfors qui font offerts, fans ceffe, depuis 15 mois, à la nation , & qu'une main perfide a fans ceffe repouffés ; on réitère les offres ; on rappelle l'attention publique fur ces objets, & on lui redit que *la richeffe ou la pauvreté d'une nation réfulte du bon ou du mauvais emploi de fes bras & de fes terres, & qu'il n'y a point de fûreté où il y a des hommes oififs.*

La Municipalité de Paris , en ordonnant cette cinquième édition, juftifie de nouveau fa vigilance affidue , fes principes & fa conftance dans la recherche & le choix des moyens d'affûrer la tranquillité , & le bonheur général.

DE LA NÉCESSITÉ
ET DES MOYENS
D'OCCUPER AVANTAGEUSEMENT
TOUS LES GROS OUVRIERS.

Par M. Boncerf,

De la Société Royale d'Agriculture, & Administrateur de la Ville de Paris.

Les premiers Créanciers de la Nation, font les bras qui demandent de l'ouvrage, & la terre qui attend des bras.

Imprimé la première fois au mois d'Août 1789, par ordre du Diſtrict de S.-Etienne-du-Mont,

Réimprimé par ordre de l'Aſſemblée Nationale,

Et pour la ſeconde fois réimprimé par ordre de la Municipalité de Paris.

LA Révolution & les opérations actuelles laiſſent & laiſſeront beaucoup de citadins ſans état & ſans occupations ; elles laiſſent encore plus de gros Ouvriers ſans ouvrage. Ceux-ci deviennent l'objet d'une inquiétude effrayante ; leur nombre augmente, tous les jours, parce que, chaque jour, les travaux de conſtruction ſe ralentiſſent ou ſe ſuſpendent, & la multitude des Manœuvres, des Maçons, des Tailleurs-de-Pierre, des Serruriers, des Menuiſiers, des

A

Charrons, des Maréchaux défœuvrés s'augmente, & va groffir la troupe des hommes dangereux que la pitié politique a, jufqu'à préfent, foldée. Bientôt il fera impoffible de fubvenir à une dépenfe toujours croiffante & trop long-temps prolongée. Quand même cette dépenfe pourroit fe foutenir, il faudroit la rendre utile; il faudroit employer cette quantité de bras à des travaux qui ne fuffent pas ftériles; il faudroit empêcher leur réunion, parce que, réunis, ils deviennent redoutables; & que cet amas d'hommes, dont beaucoup font corrompus, pervertit la maffe, & la difpofe à tous les crimes. On ne peut fe le diffimuler; fi l'on n'y pourvoit, Paris & les Provinces circonvoifines font menacées de toutes les horreurs & de toutes les atrocités que foixante mille brigands défefpérés peuvent commettre. Ce nombre n'exifte pas encore; mais il faut l'empêcher de fe former; tous les hommes oififs ne font pas encore corrompus; mais il faut empêcher qu'ils ne fe corrompent; tous ne font pas encore réunis; mais il faut les empêcher de fe raffembler; & féparer ceux qui font déjà en trop grand nombre. Plufieurs confentiroient à fe rendre volontairement à des travaux qu'on leur offriroit à douze, quinze & vingt lieues de Paris : quant aux hommes vicieux qui refuferoient d'accepter de l'ouvrage, affoiblis par la diminution du nombre, on auroit contre eux la reffource de la force : peu - à - peu, perdant confiance dans la leur & dans notre foibleffe, qui foudoye leur dangereufe & menaçante inutilité ; les moins opiniâtres fe détacheroient & fe rendroient aux travaux utiles, qu'on auroit ouverts dans leur pays ou à proximité.

Préfentement que le danger de notre fituation eft connu, qu'il eft évident qu'il va croiffant, quels font & où font les travaux à préfenter à tous ces bras oififs.

Nous avons quinze-cents mille arpents de marais à deffécher, cinq-cents mille arpens d'étangs à fupprimer, plufieurs millions d'arpens de nos forêts à replanter : voilà d'immenfes & d'utiles travaux à ouvrir, qui nous délivreront des énormes tributs que nous payons à l'Etranger pour le lin, le chanvre, les beftiaux, les viandes, le beurre falé, le fromage, que nous tirons de l'Etranger, & que nos marais defféchés, mis en prairie & en culture, nous fourniront en abondance ; pour les métaux bruts & fabriqués que nous tirerons de nos mines ; lorfque nos forêts, mieux aménagées & replantées, nous permettront d'exploiter ces mines (1).

Mais, dans les preffantes circonftances où Paris fe trouve, il ne s'agit pas d'embraffer les vaftes opérations que préfente un plan général ; il faut ouvrir les

---

(1) Les métaux que nous tirons de l'Etranger ont monté, en 1787, à plus de 20 millions ; les beftiaux vivans, à plus de 9 millions cinq-cents mille livres, les Beures, Fromages & chairs falées, près de dix millions ; les cuirs & peaux, à trois millions ; les lins & chanvres bruts & fabriqués, à 29 millions.

plus voifines, tant pour mettre, à l'inftant, les bras oififs à l'œuvre, que pour accoutumer les individus à fe détacher de cette capitale, qui leur a trop long-temps fourni des occupations chèrement payées, & qui les retenoit par l'attrait de plaifirs faciles & de jouiffances continuelles. On ne peut les en féparer d'une manière brufque, qui leur ôte l'efpérance du retour; ce ménagement eft indifpenfable avec tant d'individus corrompus. Mais il faut diftinguer les gros ouvriers de ceux qui appartiennent aux arts & manufactures, de ceux qui font habitués aux gros travaux, les domiciliés à Paris, des non-domiciliés, & difpofer des travaux dans les genres & dans les lieux où il conviendra le mieux à chacun, à raifon de leur talent ou de leur domicile. Ceux qui font domiciliés à Paris depuis plufieurs années peuvent être portés à des travaux peu éloignés : voici ceux que je crois devoir indiquer.

La replantation des forêts de Compiégne & de Fontainebleau eft ordonnée, & fe fait depuis plu-fieurs années; il y a encore d'immenfes travaux à faire pour défoncer les parties vuides & vagues, dé-foncement qui doit précéder les replantations & les femis qui fe font dans l'hiver & au printemps. Il y a des fonds affignés pour ces travaux & pour des percemens de routes nouvelles dans ces forêts : en ajoutant quelque chofe à ces fonds, on peut y oc-cuper quelques milliers d'hommes. Cette opération peut s'étendre beaucoup, puifqu'il y a, dans les forêts des Domaines Nationaux, provenans du Domaine, des Abbayes d'hommes & de femmes, des Chapitres & Bénéficiers, plusieurs millions d'arpens de bois ruinés; la seule forêts d'Orléans, qui contenoit cent-quarante mille arpens, n'en a pas actuellement soixante-dix-huit mille en plein bois; il y en a donc soixante deux mille à replanter; aujourd'hui, que ces biens sont à la Nation, elle doit se hâter de replanter ces forêts, le moindre retard entraîne une double perte de travail & de productions. Le seul parc de Chambor, contenant dix mille trois-cents arpens, en a sept mille à replanter.

Les Municipalités qui ont *des bois à replanter*, *des marais à dessécher, des chemins vicinaux* à rétablir ou à ouvrir, doivent y être invitées, & même contraintes. Les fonds & le crédit qu'elles emploient aux bâtimens de luxe & d'ostentation, serviront à ces travaux nourriciers. Voilà la vraie charité; voilà les vrais monumens, & non pas ceux où la vanité inscrivoit les noms obscurs d'un Maire ou d'un Echevin. Pour les illustrer, il faut les attacher à de nouvelles plantations, à de nouvelles habitations établies dans les landes & dans les marais qui déshonorent le Royaume.

Nous ne devons point douter que les grands Propriétaires ne se déterminent aussi à ouvrir des travaux dans leurs forêts, tant pour la replantation que pour le percement ou la réparation des chemins nécessaires à l'extraction des bois. Que ne doit-on pas attendre auſſi d'un grand nombre de Citoyens aiſés, dont le patriotiſme s'eſt ſignalé dans les circonſtances ! Ils ouvriront de même des travaux dans leurs poſſeſſions . & réuniront leur intérêt à celui de l'ouvrier, en le faiſant travailler à l'amélioration de leurs domaines.

Nous avons à défricher quatre mille ſix-cents arpens des landes du Bray, près de Gournai, autant des landes des Sept-villes, près de Giſors ; à rétablir la navigation d'Etampes à Corbeil ; ſix mille arpens de marais, en deux pièces, à deſſécher près du Pont-Sainte-Maxence, & cent autres opérations auſſi utiles du même genre, qui ne ſont guères plus éloignées.

Telles ſont les occupations & les meſures pour le premier moment ; elles ſuffiſent pour laiſſer le temps de paſſer aux ultérieures.

Préſentement, indiquons les reſſources immenſes que nous avons pour occuper à perpétuité, aux travaux les plus productifs, le nombre infini d'hommes que les Villes & ſur-tout la Capitale ont employés & retenus ſi long-temps à des travaux & occupations ſtériles : on peut dès-à-préſent y mettre la main.

Il faut le répéter ; nous avons encore quinze-cents mille arpens de marais à deſſécher. Ce ſont des fonds précieux pour fournir les plus importantes productions, préciſément celles que nous tirons de l'Etranger en plus grande quantité & pour des ſommes immenſes. Ces marais peuvent être facile-

ment defféchés (1) ; ce fera la premiére occupation des ouvriers ; la deuxiéme fera de les mettre en
valeur ; la troifième de les entretenir en culture,
& d'en façonner les produits , tels que le chanvre
& le lin.

Les principaux marais que nous avons à deffécher font ceux du Languedoc , qui contiennent
près de trois-cents-mille arpens ; du Poitou , environ 100 mille ; de Saintonge , 60 mille ; de Bretagne , 80 mille ; de Normandie , 100 mille ; de
Picardie, 80 mille ; de Flandres & Artois , 50 mille ;
de Champagne , 50 mille ; de Dauphiné , 40 mille ;
du Laonois & du Soiffonnois, 30 mille. &c. &c.

Les feules bordures des foffés , plantées en faules ,
en peupliers & en ofier , feroient d'une reffource
prochaine & abondante.

Les landes & friches font immenfes ; celles au fud
de la Gironde, jufques près de Bayonne, contiennent
près de onze-cents mille arpens. Les effais de culture
qu'on y a faits en 1790 ont donné des carottes de 26
pouces de tour, & des choux de 39. En Bretagne, il
y a prefque le double. Le Berry, le Bourbonnois, le
Poitou , la Touraine , le Limoufin ont le tiers ou
le quart de leur furface en pareille nature. Il n'y a

______

(1) Il n'y a prefque point de marais qui ne puiffent être
defféchés, quoi qu'en dife le préjugé contraire ; il y a plus ,
c'eft qu'ils peuvent l'être à peu de frais. L'Auteur a fait de
grands defféchemens : les plus chers ne font pas revenus à 50 l.
l'arpent.

point de ces terreins qui ne puiffent au moins porter des bois (1) ; plufieurs même font excellens pour la culture. La Champagne feule a environ huit-cents mille arpens de terres arides , & dans un état actuel de ftérilité , qui peuvent être plantées en bois ou fécondées. L'Auteur a établi les moyens dans un mémoire couronné par l'Académie , qui a reconnu l'efficacité des moyens ; il fera inceffamment imprimé.

On ne dira rien fur les méthodes des plantations ou femis des bois ni fur celles des défrichemens ; elles font connues.

Quant aux defféchemens , l'art & , bien plus , un bon jugement indiquent les procédés , les moyens , les faifons (2). Les marais formés par la mer & fon flux font traités d'une manière ; ceux qui le font par des obftacles mis aux cours des eaux (3) , le font

---

(1) On invite les Lecteurs à lire l'article *Forêts* dans l'Encyclopédie , par ordre de matières , *Botaniqu.* , tom. 2 , deuxiéme Partie , pour fe pénétrer de la néceffité & des avantages qu'il y auroit de regarnir de bois les pays trop découverts , pour les garantir du froid , des vents , des hâles , &c. &c.

(2) Par exemple , on doit préférer l'hiver pour defsécher les marais méphitiques , parce que la pluie , les vents , la neige & les gelées empêchent le mauvais effet des exhalaifons. Une crue d'eau , par fuite de pluies ou d'une fonte de neige , vérifie les niveaux & les débouchés qu'on a procurés aux eaux. L'Auteur commença le defféchement des marais de Chaumont en Vexin , le 14 Novembre ; ils étoient refsuyés au mois d'Avril , fans avoir produit aucune mauvaife exhalaifon.

(3) L'abus des retenues d'eau , pour les Moulins , a fait

d'une autre. On pourra donner fur cet art des inftuc-
tions générales & particulières (1).

On voit, par l'indication de ces objets, que ce
font des provinces à conquétir dans le fein du
Royaume ; conquêtes pacifiques & heureufes, qui
n'occafionneront ni deuil, ni larmes ; qui, après avoir
fourni des travaux à tous les bras défœuvrés, donneront des fubfiftances abondantes aux individus qui
gémiffent de la ceffation des travaux, & à leur pofté-

---

beaucoup de marais ; elles doivent être fupprimées par tout
où elles font nuifibles. Cette fuppreffion eft d'autant plus
facile, que nous avons les Moulins à bras & à manége de
MM. Durand, maîtres Serruriers, rue S.-Victor & rue S.-
Jacques, pour remplacer les Moulins à eau, & que la Révolution nous permet de nous fervir des nouveaux chefs-d'œuvre de la méchanique. Ces moulins peuvent donner la mouture
à meilleur prix que les moulins à vent & à eau.

(1) Les marais formés par la mer & par les rivières qui
reçoivent le flux, fe defféchent par des digues en terre & en
talus, dont la bâfe doit avoir au moins fix fois la hauteur.

La plupart des marais formés par les petites rivières peuvent
être defléchés par la fuppreffion des digues & retenues d'eau,
par de nouveaux canaux, le redreffement des rivières, par
des ceintures qui empêchent les eaux de fe rendre dans les
baffins où elles n'ont pas affez de pente ni d'iffue.

On a ajouté cette note & les précédentes, pour fatisfaire
ceux qui, fur les précédentes éditions, ont demandé des confeils
à l'Auteur. Il offre de plus aux Propriétaires, ceux que fa
longue expérience le mettent à même de donner ; il leur in-
diquera, en outre, des Entrepreneurs ou Capitaliftes qui fe char-
geront des defféchemens, moyennant une partie de terrein.

rité la plus nombreuſe, & procureront la ſalubrité dans les pays que les exhalaiſons des marais dépeuplent.

C'eſt à nous de mettre à profit une circonſtance telle que celle de la Révolution, pour livrer à la culture tant de terreins négligés ou malfaiſans, pour rendre aux campagnes la multitude qui ſurchargeoit les villes. Ce mal momentané de ſon deſœuvrement, ſi nous ſavons en tirer parti, deviendroit une ſource inépuiſable de proſpérité ; les individus qui venoient ſe fondre dans les villes, iront repeupler & ranimer nos campagnes ſolitaires & déſertes.

Le ſeul apperçu des immenſes travaux qu'on vient d'indiquer, démontre que ces hommes qui nous ſont à charge, comme à eux-mêmes, n'y ſuffiront pas ; qu'il faudra que la domeſticité nous reſtitue cette foule dont elle étoit compoſée ; que l'armée fiſcale nous rende les inſtrumens avec leſquels elle exerçoit ſes perſécutions ; que le ſoldat vienne auſſi ſolliciter de la terre ſa ſubſiſtance, pour reprendre, comme *Antée*, de nouvelles forces dans ſon ſein. C'eſt avec ces tréſors d'activité que nous acquerrons tous les tréſors. Ne ſoyons point inquiets ſur la compoſition & le nombre de nos armées ; une augmentation de paye au ſoldat fera écouler vers nous les armées de l'Allemagne, pour défendre & partager avec nous notre liberté & nos moiſſons.

Quant aux citadins dont les places, les emplois, le commerce n'auront plus la même utilité, ou même n'en auront aucune, il y a des moyens de leur donner des occupations utiles & falutaires. La vente des domaines Nationaux eft ouverte & leur offre des moyens de placer leurs capitaux. Le droit de franc-fief eft aboli , afin qu'ils ne foient plus re-pouffés, par ce droit impolitique, de l'acquifition des biens ci-devant nobles : dès-lors ils emméneront en-core avec eux beaucoup de domeftiques & d'ou-vriers qui prendront tous des occupations vraîment utiles à la Nation.

Loin donc de nous affliger de voir tant de bras oififs, nous nous féliciterons des événemens qui les rendent aux travaux utiles ; mais il faut en faire un bon emploi. Le temps preffe , parce que la dépenfe faite chaque jour pour des travaux ftériles, eft perdue pour les travaux productifs, & qu'elle diminue la fomme des fonds, qui auroient du y être deftinés; parce que la faifon avance , & que, pour continuer certains travaux pendant l'hiver, tels que les def-féchemens, il faut qu'ils foient commencés dans l'automne, afin de fe garantir de l'invafion des eaux de l'hiver.

Les fommes employées depuis quinze mois à payer la multitude d'ouvriers occupés à des travaux inutiles, auroient fuffi pour deffécher la moitié des marais du Royaume, qui fourniroient des fubfiftan-ces , de propriétés & de l'ouvrage à perpétuité à fix-cents mille individus. Ce ne font donc pas les fonds qui manquent pour faire un grand bien ; mais c'eft le bon emploi.

L'opération des grands defféchemens emporte auffi la conftruction des canaux de navigation, & plufieurs rivières feront rendues navigables, en opérant les defféchemens. La navigation diminue les frais de tranfport, ménage les routes, rend à la culture les chevaux de roulage, laiffe, pour l'engrais des beftiaux, les fourages, & aux terres les fumiers perdus fur les routes (1). C'eft ainfi qu'un abus en engendre mille, & qu'une bonne opération entraîne mille heureufes conféquences. La profpérité, l'abondance, le bonheur & les mœurs fe tiennent par des liens indiffolubles ; c'eft dans les champs que fe développent leurs faintes femences ; c'eft auffi dans les champs

---

(1) Il ne faut pas omettre un avantage immenfe qui réfultera du défféchement de plufieurs de nos marais, celui d'en tirer de la tourbe en grande abondance. Cette matière fournit un excellent chauffage, principalement pour les Teinturiers, les Braffeurs, les Fours à chaux, les Salpétriers, les Brûleries, Buanderies, &c., &c. On pourroit, avec ce fecours, faire tréve à nos forêts, & leur laiffer le temps de donner des arbres de conftruction. La cendre de tourbe eft le plus puiffant engrais pour les prairies artificielles. Depuis la première édition de cet Ecrit, l'Auteur a confeillé la tourbe pour chauffer les falines de Lorraine & de Franche-Comté ; il en a indiqué les gîtes ; il a fait venir des tourbiers, qui ont été envoyés fur les lieux ; ils ont conftaté l'exiftence & l'abondance de la tourbe de première qualité. Cette découverte économifera le produit des coupes de cent mille arpens de bois en Lorraine & autant en Franche-Comté. Ils refteront pour l'ufage des Forges, verreries & autres ufines qui animeront & enrichiront le pays.

que naît la force, que s'affied la liberté, & que
germent les victoires. Ainfi portons-y nos foins, nos
bras, nos avances ; c'eft là que doit s'élever le vafte
monument de la puiffance de la Nation, & non point
avec des matières ftériles & inanimées, dans des
villes où l'on a déjà trop proftitué l'or des Peuples
pour élever d'infipides monumens. Le feul titre dont
un Roi puiffe s'honorer à jamais, eft vierge encore,
c'eft celui de *Roi agricole* : les Repréfentans de la
Nation porteront Louis XVI à s'en faifir ; &, de con-
cert avec eux, il créera un Miniftre de l'Agriculture, des Arts & du Commerce.

Comme les Loix, fur les defféchemens, ont été
imparfaites, parce qu'elles n'ont pourvu qu'aux pri-
viléges, exemptions & encouragemens dus aux defféchemens, nous devons croire que l'Affemblée Nationale ordonnera à tous propriétaires de deffécher
leurs marais dans un temps limité ; & que, faute
par eux de le faire, elle permettra à toute perfonne
d'opérer le defféchement, en rendant moitié ou le
tiers defféché aux propriétaires. Faute de ces difpo-
fitions, les Loix précédentes ont été fans effet. Le
Domaine a fait des conceffions dont la propriété a
été efficacement conteftée aux conceffionnaires ; il
n'en eft réfulté que du trouble & des procès. Il
faut donc obliger les propriétaires à deffécher, finon
en donner la liberté à quiconque voudra l'entreprendre ; perfonne ne doit laiffer fon fonds dans un
état ftérile ou nuifible : la première condition, pour

conferver le titre de la propriété eft de la rendre utile ; plufieurs coutumes en privent celui qui eft dix ans fans en ufer, ou la maintenir dans un état de culture. Mais il convient d'aider les propriétaires par le fecours de prêts, & de les exciter par des primes ; ils ouvriroient des atteliers qui ne feroient plus à la charge du tréfor public. Voilà le mot décifif des *prêts* & des *primes* ; & les travaux s'ouvrent, & le tréfor public eft dégagé des frais qu'il fupporte en pure perte.

RÉSUMÉ ET CONCLUSION.

Il eft extrêmement urgent d'occuper les bras oififs, d'afsûrer du pain, par le travail, à ceux qui manquent de l'un, faute de l'autre.

Il eft dangereux de les laiffer plus long-temps, dans une oifiveté cruelle & menaçante.

Les travaux à leur préfenter font immenfes par leur étendue, leur durée, leur importance.

Ce font nos forêts à replanter, nos marais à deffécher, nos étangs à mettre en culture, nos landes à défricher. Toute terre peut porter des bois ; tout marais peut être réduit en prés, pâturage ou culture, ou donner du bois des efpéces propres aux lieux humides.

Les premiers Créanciers de la Nation font les bras qui demandent de l'ouvrage, & la terre qui attend des bras. C'eft la première dette à payer. Nous n'avons connu l'ufure que paffivement, & voilà l'ufure ac-

Si les propriétaires doivent , fous peine de perdre leur propriété , mettre leurs fonds en valeur , la Nation leur doit l'exemple en replantant les bois ruinés de fon Domaine , & en defféchant les marais dont elle a la propriété , ou les abandonner à l'induftrie privée. Elle ne doit vendre fes étangs qu'à charge de les laiffer à fec.

Les avances qu'elle fera fur fon fonds lui reviendront avec ufure.

Les avances, à titre de prêt , qu'il conviendroit qu'elle fît à quelques particuliers , fur le privilége de la propriété améliorée , lui feroient rembourfées dans cinq ans.

Déjà, à cette époque, la reftauration feroit avancée, l'abondance des denrées & de bétail afsûrée , les propriétaires multipliés ; le lin & le chanvre , crûs dans les marais defféchés , donneroient de l'occupation aux mains les plus foibles, & la France offriroit un vafte attelier d'où fortiroient tous les genres de profpérité. Hâtons-nous de commencer cet heureux ouvrage.

OBSERVATIONS ESSENTIELLES.

P. S. La dépenfe des conftructions dans les defféchemens & défrichemens, eft l'écueil ordinaire de ces entreprifes : on eft sûr de l'éviter, en conftruifant tous les bâtimens en *pifé*, qui fe fait avec la terre prife fur le lieu même. On conftruit, par cette méthode des maifons folides, chaudes, économiques, falubres, commodes & incombuftibles.

M. Cointereaux en éléve actuellement des mo-déles, fauxbourg S.-Honoré, près du n° 74. Les Commiffaires de la Société Royale d'Agriculture & ceux de l'Affemblée Nationale en ont rendu le compte le plus favorable.

Les ouvrages d'art font un autre écueil : fouvent des moyens & des travaux ruftiques les remplacent avec avantage, & ne coûtent pas la centiéme partie.

Le Diftrict de S.-Etienne adopta cet Ecrit, l'en-voya aux autres Diftricts & à la Commune, dont une députation le porta à l'Affemblée Nationale. Son Comité d'Agriculture a fait deux rapports & un projet de décret imprimés ; enfin un troifiéme, dont la difcuffion cft commencée, un quatriéme préfente des loix fur la propriété de ces terreins. On ne peut trop tôt porter cette Loi.

Pour donner une idée certaine des heureux effets des defféchemens & des défrichemens, nous cite-rons ici ceux qui ont été faits par le feû Roi de Pruffe ; il en cft réfulté la conftruction de 542 vil-lages, & l'établiffement de 42,600 familles ; nous avons des terreins pour en établir vingt fois d'avan-tage. Le defféchement du marais de Bremfter, en Hollande, contenant dix mille acres, a découvert une des plus fertiles contrées de cet état. Ceux qui ont été faits en France font de la plus grande fé-

condité,

condité ; ce qui nous reste à faire promet les mêmes avantages.

Nous avons environ quinze-cents mille arpens de marais, & vingt millions d'arpens de landes ; la plus grande partie dépend des domaines nationaux ou des municipalités. La nation peut disposer d'une partie en faveur des familles pauvres, en les aidant à s'y établir ; c'est le moyen le plus sûr & le plus prompt d'éteindre la mendicité. L'Auteur a, dans un petit écrit, démontré les avantages & la possibilité de cette opération. Il en résulteroit que les hôpitaux, soulagés & bientôt la plupart inutiles, nous offriroient encore des biens immenses à diviser en lots, qui formeroient autant de familles agricoles.

DES ÉTANGS.

Différentes causes ont fait établir un grand nombre d'Etangs dans plusieurs Provinces, telles que la Lorraine, la Bresse, la Dombes, le Berry, la Sologne, &c. Ces causes sont la défense du gras pendant un tems considérable & plusieurs jours de la semaine ; un grand nombre d'ordres Religieux des deux sexes qui faisoient maigre ou toute l'année ou une grande partie ; le défaut d'une population suffisante pour la culture ; la spéculation des Propriétaires qui pouvoient se procurer un revenu certain, sans s'assujettir à des frais de bâtimens, & aux autres avances qu'exige l'agriculture.

Ces Etangs ont été multipliés indifcrétement ; il
en eft réfulté que les bonnes terres, les terres baffes,
ont été couvertes d'eau ; il n'eft refté pour la culture
que les terres hautes qui ont manqué d'engrais,
les mauvaifes récoltes ont bientôt diminué la population. Le pays couvert d'eau & de brouillards
s'eft refroidi ; les exhalaifons des matières animales
& végétales ont caufé des fiévres habituelles, l'ef-
péce humaine à dégénéré, la vie s'eft abrégée, &
n'a plus été qu'une maladie terminée par une mort
précoce.

L'Etat a perdu de toute manière ; il a perdu les
productions, l'abondance, les contributions, l'induftrie, la fabrication, la population. La misère
& les maladies ont chaffé dans les hôpitaux, dans
la domefticité les habitans toujours plus rares de
ces Contrées, & parce que l'effet des Etangs les
faifoient fuir ou mourir, ou multiplioit les Etangs
fur les terres que le voifinage des Etangs avoit
fait abandonner.

Il eft indifpenfable de remédier à un abus qui
a entraîné d'auffi fatales conféquences ; il convient
d'expofer fommairement quelques faits & obfer-
vations qui doivent y déterminer.

Les funeftes influences des Etangs font démon-
trées. Les terreins fitués entre les Etangs font affermés
à vil prix, parce que les Cultivateurs font certains
de n'obtenir que des récoltes détériorées par les
brouillards & une atmofphère deftructeur. La popu-

lation eſt réduite à un huitiéme, tant parce que l'eau & le poiſſon occupent le patrimoine de l'homme & des utiles compagnons de ſes travaux, que parce qu'une atmoſphère chargée d'exhalaiſons délérères, détruit les principes de la vie. Les Etangs ſont donc odieux & nuiſibles. Dans les pays où il y a beaucoup d'Etangs, le nombre des ſépultures ſurpaſſe le nombre des naiſſances, même ſans maladies épidémiques; le remplacement ſe fait par des Etrangers. On n'y voit aucun ſexagénaire; non ſeulement l'eſpéce humaine y dégénère, mais même les animaux.

Tous les Etangs ſont faciles à deſſécher, puiſque la retenue des eaux eſt factice. Ce n'eſt point en ſupprimant un ſeul Etang qu'on améliorera le ſol ſur lequel il étoit aſſis; l'influence des Etangs voiſins ſeroit fatale à ſes nouveaux habitans & à leurs cultures; & ces terreins ne ſe loueroient qu'à vil prix; l'influence s'étend même ſur les grands végétaux. Des cantons, aujourd'hui inondés & inſalubres, étoient ſalubres, cultivés & fertiles autrefois; d'autres, antérieurement infectés d'Etangs, ſont aujourd'hui auſſi ſalubres que féconds, & contiennent mille quatre habitans par lieue quarrée, tandis que ceux qui ont conſervé les Etangs n'en contiennent que deux-cents à deux-cents quatre-vingts. Il eſt reconnu que, dans les ſeules parties de la Breſſe & de la Dombes, couvertes d'Etangs, il faudroit y placer trente mille habitans, plus de douze à quinzecent fermes & vingt mille piéces de bétail. Les autres pays d'Etangs en recevroient chacun autant. On ne peut donc trop se hâter d'ouvrir d'aussi vastes atteliers à nos malheureux & nombreux Ouvriers, & de faire cesser des causes si meurtrières. Sur cinq-cents mille arpens d'Etangs, si l'on en supprimoit seulement la moitié, il y auroit de quoi établir plus de cent mille individus & autant de piéces de bétail. On ne doit donc point hésiter de supprimer tous les Etangs qui sont assis sur des fonds susceptibles d'être mis en culture & en prairies; ce sont les plus funestes; ils seront les plus utiles. En conséquence, tous les Etangs dépendans des Biens Nationaux doivent être mis à sec & vendus sous la condition de les y maintenir.

Les sociétés savantes, qui ont été consultées sur la proposition du desséchement des marais, ont exprimé, de la manière la plus expresse, leur vœu en faveur de l'opération. Par exemple, la société d'agriculture, consultée, par M. de St Victor, sur le projet de desséchement des marais de Bourgoin, contenant vingt-un mille journaux, a déclaré » que le dessé-ment en étoit facile, le sol excellent, propre à toutes les cultures; que l'effet de la stagnation des eaux est funeste aux riverains; que les fiévres an-nuelles rendent vieux & décrépits avant cinquante ans; que les marais desséchés seront propres aux plus précieuses productions, pâturages, prairies, chanvre, lin, plantes céréales, légumes, garance,

&c. ; que, fi ces marais euffent été defféchés, dans le tems que Turenne en avoit formé le projet, ils auroient fourni, en lin & en chanvre, une ample occupation aux ouvriers de Lyon, dans les tems où d'autres matières leur ont manqué, ce qui eût évité l'état de détreffe où ils font plufieurs fois tombés ; enfin, que les defféchemens n'ont occafionné de maladies, que quand l'imprudence a dirigé les travaux, & qu'on a découvert les terreins dans les chaleurs de l'été ».

La fociété royale de médecine, confultée fur le même projet, s'eft plus particulièrement expliquée fur l'influence des marais fur la fanté, les avantages, & l'innocuité des defféchemens, & a déclaré qu'un defféchement général & perpétuel ne fera pas plus de mal que les defféchemens annuels, caufés par les chaleurs de l'été, & la diminution des fources & des rivières.

Lorfqu'elle eut à s'expliquer, en 1789, fur mes mémoires & propofitions du defféchement des marais du Royaume, l'importance de l'objet la détermina à faire, dans fon rapport, un petit traité topographique de l'influence funefte des marais & des étangs, fur-tout fur les habitans des contrées fous le vent des marais. Les commiffaires ont conclu leur rapport en ces termes : « Après avoir pefé toutes ces confidérations, nous ne pouvons trop applaudir au zéle, aux lumières & aux talens de M. Boncerf, qui offre à l'Affemblée Nationale un moyen de préferver la France de la plûpart des épidémies qui la dévaftent , tous les ans.

» Quelle fociété doit y prendre plus de part que la fociété de médecine ? Etablis pour concourir, par nos travaux , à tout ce qui peut contribuer au traitement & à la préfervation des épidémies & des épizooties , faurions-nous former des vœux trop ardens pour l'exécution d'un plan dont l'utilité & la facilité , l'importance & la fimplicité le rendent fi précieux à l'Etat, en épargnant les maladies & la mort à des milliers de citoyens. »

Le jugement que porta la fociété fut conforme à celui de fes commiffaires; elle déclara » que les mémoires de M. Boncerf étoient très-dignes de fon approbation; que des moyens, que l'auteur indique, doivent réfulter de grands avantages , foit pour l'agriculture , foit pour la fanté publique, & que ce travail mérite d'être mis fous les yeux de l'augufte Affemblée, qui s'occupe de la regénération de l Etat.

Les inondations & les débordemens font au nombre des grands fléaux qui affligent l'humanité : la perte des moiffons & des récoltes, la ruine des habitations , la deftruction des femences & des plantations font trop fouvent accompagnées de la mort des habitans ; & les furvivans font en proie à la mifère , au dénûment , & expofés aux maladies que caufe l'infalubrité des terreins fubmergés & couverts de débris putrides. Quelquefois des terreins précieux, recouverts de fable & de pierres, ne pré-

fentent plus , à leurs anciens habitans , que des
déferts qu'ils font obligés de fuir. Cependant toutes
nos rivières peuvent être contenues. L'Auteur de cet
écrit a donné des plans de digues invincibles contre
la Durance, le Rhône, &c. , moins coûteufes que les
digues vicieufes qui font en ufage. Celles qu'il pro-
pofe font conftruites fur les mêmes principes, que
celles qui lui ont toujours réuffi contre l'Océan. Une
feule inondation caufe plus de perte, que n'euffent
coûté les digues néceffaires pour la prévenir, &
empêcher toutes celles qui l'ont fuivies , & la fui-
vront.

Tant de motifs d'occuper les hommes oififs &
malheureux , tant de moyens de le faire , tant d'a-
vantages qui doivent en réfulter , n'ont reçu que
des approbations & des vœux. On a indiqué , il y
a plus d'un an , les fources où l'on pourroit puifer
les fonds néceffaires. Aujourd'hui , les affignats en
offrent d'immenfes ; mais , n'y en eût - il d'autres
que d'accorder des primes & de faire quelques prêts ,
ce ne fera point une charge pour l'Etat ; ils n'at-
teindroient pas les fommes qu'on dépenfe en pure
perte.

Si l'on defféchoit tous les marais du Royaume,
& que les primes , à dix livres l'arpent, montaffent
à *quinze millions*, dès l'inftant , nous cefferions de
tirer de l'étranger *vingt-neuf millions* de chanvre &
de lin bruts & fabriqués , & pour environ *vingt-
cinq millions* de beurre , de fromage , de chair

falée & de beftiaux ; nos récoltes feroient plus
abondantes , parce que nos terres feroient couvertes d'engrais ; elles fe couvriroient de troupeaux ;
les laines , qui nous coûtent *vingt millions* , fe trou-
veroient dans nos bergeries ; & toutes nos manufactures feroient en activité ; autre difpenfe de tribut
à l'étranger. Qu'il me foit permis de préfenter ici
un apperçu de quelques-uns des avantages qui ré-
fulteroient des travaux propofés.

APPERÇU

*Des Effets qui réfulteront des defféchemens ,
défrichemens , plantations , &c.*

CE S effets étant très-divers & de nature diffé-
rente, on va les préfenter & évaluer féparement.

Produit en Argent.

Quinze-cents mille arpens de marais , & cinq-
cents mille arpens d'étangs mis en pâturages, prairies , cultures, lin, chanvre, colzat, bois, &c. à
vingt livres l'arpent , l'un portant l'autre, donneront
en argent ; *quarante millions.*

Produit en Nature.

Le produit en nature eft triple , au moins, du
produit en argent, puifqu'il paye le propriétaire ,
les impôts , les frais & avances de culture & fes
inftrumens, la nourriture & les bénéfices du Fermier :
cent-vingt millions.

Bétail.

Une piéce de gros bétail pour deux arpens, *un million de piéces.*

Pour les Arts & le Commerce.

Les productions acquiérent de la valeur par les façons qu'elles reçoivent, & dont elles font fufceptibles; ce qui varie fuivant leur nature, l'induftrie des habitans, les befoins du pays & des pays voifins:

Ainfi, le chanvre & le lin, convertis en toile de différentes qualités ou en cordage, le beurre, le fromage, la chair falée, le cuir préparé, les huiles augmentent de valeur & procurent des nouveaux bénéfices en proportion des talens, de l'activité & des relations des habitans; ce qui ne peut être foumis au calcul; mais on pourroit l'évaluer au tiers du produit en nature.

En Population.

En ne comptant qu'un individu pour trois arpens, les *deux millions d'arpens* auront *fix-cents foixante-fix mille, fix-cents foixante-fix individus.*

Le defléchement fera ceffer les épidémies, qui font l'effet des exhalaifons funeftes qui fortent des marais & des Etangs.

La mortalité qui réfulte, chaque année, de cette caufe, eft évaluée à plus de *douze mille individus.* N'en fuppofons *que dix mille,* qui, multipliés par *vingt*, terme moyen de la probabilité de la durée de la vie, font *deux cents-mille individus.*

En Impôt.

Les impôts réels & perſonnels montent, depuis 13 livres juſqu'à 64 livres par tête; ſuppoſons les à douze livres; les *ſix cents-ſoixante-ſix mille ſix-cents ſoixante-ſix individus*, payeront huit millions, y compris l'impôt réel & perſonnel.

Défrichemens.

Ces premiers réſultats peuvent ſurprendre, quoique je les aye beaucoup modérés; ceux qui réſulteront des défrichemens & replantations, ſont encore plus importans.

Nous avons plus de vingt millions d'arpens de landes; les plus mauvaiſes peuvent porter du bois; la plus grande partie eſt propre à la culture, aux prairies artificielles & aux prairies naturelles, au moyen des irrigations, n'en comptons que *quinze millions* à mettre en valeur.

En ne les évaluant qu'à dix livres l'arpent, le produit en argent ſe monteroit à *cent cinquante millions.*

Le produit en nature eſt au moins triple en valeur.

Les arts & le commerce en tireront auſſi de grands moyens d'activité.

La population peut être évaluée à un individu pour cinq arpens; ce qui fait *trois millions* d'individus.

Une piéce de bétail pour quatre arpens, ce fera près de *quatre millions* de piéces.

L'impôt réel & perfonnel, eftimé feulemeut à dix livres par individu, monteroit à *trente millions.*

Les frais néceffaires pour fe procurer tant d'avantages font beaucoup moins confidérables qu'on ne le penfe ; ils peuvent rentrer dans peu d'années ; il y a tel marais defféché, fur les bords de la mer, qui les rembourfeia par la première récolte ; d'autres dans deux ou trois ans. Les avances peuvent fe faire, partie par les propriétaires, partie par les Municipalités, enfin, par les conceffionnaires qui employeront leurs facultés à mettre ces terreins en valeur. Un grand nombre fait des demandes, & un plus grand nombre attend une loi qui ordonne l'aliénation de ces terreins, pour faire leurs foumiffions.

Les travaux ouveits occuperoient tous nos ouvriers ; l'argent répandu dans les campagnes, rendroit l'acquittement de l'impôt facile ; la population augmentant de *quatre à cinq millions* d'individus, l'activité & l'induftrie s'accroîtroient confidérablement ; les productions nouvelles devenant abondantes, nous ferions délivrés de l'énorme contribution que nous payons à l'étranger, pour les beftiaux, le chanvre, le lin, le beurre, le fromage, la viande falée, le fuif, &c. qu'il nous vend, & qui montoit, en 1787, à *cent trente-huit millions* de matières brutes, & à *foixante-fix millions* de matières fabriquées. Ces avantages fe conçoivent; fi l'on confidere que la plus foible évaluation des productions brutes des terreins defféchés monteroit à plus de *cinq-cents millions*, ainfi qu'on vient de le dire. On peut fuppofer que l'induftrie augmentera cette valeur d'un tiers. Un gouvernement paternel doit tout faire, pour affûrer à la nation tant de profpérités; mais ne fût-il que fpéculateur pour fes finances, il feroit encore les plus grands efforts pour ces opérations, qui lui promettent environ *quarante millions* de contributions.

On fupplie le lecteur d'obferver l'harmonie qui fe trouve dans tous ces réfultats. On ne porte la nouvelle population qu'à un individu pour trois arpens, fur les bons fonds; qu'à un fur cinq arpens, fur les autres. Les productions brutes de tous ces terreins, portées à *cinq cents millions*, ne font monter le lot de chacun des *quatre millions* d'individus qu'à *cent vingt-cinq livres*, & les *quarante millions* d'impôts, qu'à dix livres par tête; ce qui nous rapproche fort du roman philofophique, qui finit par fixer fon héros à cultiver fon jardin, & à lui donner, pour fortune, quarante écus.

Mais d'où fortira toute cette population? Ne m'accufera-t-on pas de faire, comme le P. Pétau, des hommes à coups de plumes? Je réponds que vous avez *deux-cent mille* Ouvriers, fans ouvrages; *cent mille* laquais inutiles; *cent mille* Employés des Fermes, ou contrebandiers, dont les funeftes travaux vont finir; une armée dont la moitié peut être employée dans

les champs; un décret rendu par l'Affemblée-Natio-
nale , qui porte que la France ne confentira ni
ne participera à aucune guerre offenfive; tous les
vingt ans *quatre c.nt mille* hommes qui périffoient dans
les camps, les hôpitaux, les garnifons & fur les champs
de bataille; les émigrations cefferont; l'abondance
multipliera les hommes; la falubrité les confervera;
les villes nous rendront les bras employés à une multitude de travaux ftériles. La feule claffe d'hommes, qui
attendent au coin des places & des rues des jour-
nées entieres, une commiffion, un voyage, fuffiroit
pour peupler cinquante villages; & bientôt leur nombreufe & heureufe poftérité prouveroit qu'ils ont été
portés à leur vraie deftination.

Le Roi de Pruffe dont tous les états ne valent
pas beaucoup mieux que la Normandie, a fait plus
de *quatre-vingts millions* d'avance à l'agriculture ,
& il a fécondé & peuplé des déferts.

L'Angleterre doit la profpérité de fon agriculture ,
de fon commerce & des arts, aux primes qu'elle
leur a prodiguées; la feúle prime d'exportation des
grains eft montée jufqu'à *vingt millions* , dans cer-
taines années.

Et nous continuerions à prodiguer notre or, pour
acheter au dehors les chofes les plus néceffaires, &
pour des fommes effrayantes, lorfque notre fol nous
les offre, & qu'il ne s'agit que de quelques avances! Nous ne fommes plus fous le régime de cette
taille arbitraire qui équivaloit à la prohibition d'a-

mélioret fon fort d'un écu, crainte d'être impofé de deux ; & nous ne ferons pas comme le laboureur infenfé, qui fe refuferoit à femer, par la crainte de faire des avances.

J'ajoutérai que le defféchement des marais portera reméde à un des fléaux que nous venons d'éprouver, le ravage des bois ; plufieurs marais nous fourniront de la tourbe en abondance, pour remplacer le bois dans beaucoup d'ufages. On pourra même l'extraire en perdant peu de terrein. Il fuffira de faire les foffés & les canaux un peu plus larges & plus profonds. Les bois qu'on plantera fur les bords des foffés feront la plus prochaine reffource que les plantations puiffent fournir.

Ces grands & heureux effets commenceront dès le jour où s'ouvriront les travaux, & dans la proportion de l'étendue qu'on leur donnera, & s'accroîtront avec la plus grande rapidité.

Les événemens qui réfultent de la Révolution rendent les travaux propofés néceffaires fous d'autres points de vue. Par exemple, l'abolition de la gabelle groffit de près du double la confommation du fel ; il eft donc effentiel d'en augmenter la fabrication. Faute d'en avoir eu fuffifamment, on en a déjà tiré beaucoup des Ifles Baléares & de Cardonne, en Efpagne, malgré fa mauvaife qualité. Les defféchemens des marais du Languedoc, de la Saintonge & du Poitou mettront à-même d'y former des falins & marais falans, en telle quantité que le fel pourroit ne revenir qu'à huit fols le quintal.

La France va être fans doute, dans le cas de cultiver le tabac néceffaire à fa confommation. Les marais & les étangs défféchés font les terreins les plus propres à fournir cette plante ; elle ne prendra rien fur ceux deftinés aux grains & légumes. La traité du tabac monte à 14 ou 15 millions par an ; voilà encore un bénéfice certain à faire.

Les terreins dont on follicite le defféchement font dépendans, en grande partie, des domaines nationaux, des municipalités & des particuliers. Comme il y a fouvent des prétentions oppofées fur ces terreins, on a pourvu à les écarter par un projet de Décret adopté par les comités de l'Affemblée nationale.

Sitôt que ce Décret fera porté, chacun pourra connoître fes droits, & les exercer, fans crainte d'être troublé. La nation pourra faire des conceffions ; les particuliers, des entreprifes & des acquifitions ; les municipalités, des divifions de leurs terreins de communes à leurs pauvres habitans fans propriété.

Dès-lors, les travaux s'ouvrant de toutes parts, les ouvriers fans ouvrage fe porteront chacun dans les cantons qui les rapprocheront le plus de leur pays ; une multitude de particuliers qui ont quelque fortune, l'employera à obtenir & mettre en valeur des conceffions proportionnées à leurs facultés. On peut d'autant moins douter de leur détermination que nous en avons vus un grand nombre acheter des terreins fur le Scioto & l'Ohio ; ils auroient donnés, & leurs pareils donneront la préférence à des terres de l'intérieur du Royaume. Quant à ceux qui n'ont pas les capitaux fuffifans pour former des établiffemens, ils trouveront du travail comme Ouvriers.

Il feroit peut-être de la bonne politique de l'Affemblée Nationale, de diftribuer gratuitement, fur l'avis des Départemens, une partie de ces terreins vains, vagues & marais, aux familles honnêtes & pauvres, & même de les aider à s'y établir, en leur fourniffant des vivres pour une année, & en contribuant aux conftructions néceffaires pour leur logement. Nous avons indiqué le moyen de les conftruire en pifé, qui eft très-économique. On pourroit deftiner à cet arrangement une partie des fommes employées aux atteliers de charité ; elles ont été fixées, par l'Affemblée Nationale, à deux millions quatre-cents quatre vingt-dix mille livres, à raifon de trente mille livres par Département.

En deftinant moitié de cette fomme pour aider chaque nouvel établiffement, jufqu'à concurrence de mille livres, on établiroit plus de douze-cents familles, chaque année. Ce feroit une prime accordée à la Vertu, à la bonne conduite, au travail, à l'activité. Bientôt une heureufe émulation animeroit toutes les familles peu fortunées, afin d'obtenir cet honorable fecours, & de conquérir,

conquérir, par l'eftime attachée à la bonne conduite, un patrimoine qui honoreroit à jamais ceux
qui l'auroient obtenu & leurs defcendans. L'Affemblée Nationale ordonneroit fans doute que ces
conceffions feroient remifes à la Nation pour gra-
tifier d'autres familles, lors que les premiers conceffionnaires auroient, par fucceffion ou autrement,
des propriétés plus confidérables que celles qui ne
leur avoient été confiées qu'à titre de fecours
& comme un fimple dépôt.

On fent facilement que, par ce moyen, la claffe
nombreufe, qui eft fans ceffe à charge à la fociété,
diminueroit confidérablemént ; que, bientôt, les
ouvriers feroient plus rares que l'ouvrage, ou du
moins la difproportion actuelle cefferoit ; que, par
une conféquence néceffaire, la fomme difponible,
deftinée aux atteliers de charité, feroit plus con-
fidérable, & que les Départemens pourroient en
appliquer une plus grande partie aux différens
moyens d'accroître l'agriculture, les arts & les
différens genres d'induftrie ; par une fuite de
conféquences, les villes fe déchargeroient de la
furabondance d'une population parafite ; que les
Hôpitaux ne feroient plus furchargés de la foule qui
va s'y étouffer ; qu'une partie de biens de ces grands
établiffemens pourroit recevoir une autre deftination, car ces maifons ne recevroient bientôt
plus qu'un petit nombre de gens fans domicile,
devenus malades par accident.

C

Moulins à bras pour remplacer ceux que le desséchement ordonnera de supprimer.

Les commissaires de la société royale d'agriculture, chargés de l'examen des moulins de MM. Durand, après la description de ces artifices, & avoir constaté qu'un moulin à bras peut moudre cinq septiers dans 24 heures, & le moulin à manége, quarante-huit septiers, s'expriment en ces termes :

« Les moulins de MM. Durand peuvent remplacer ceux qui obstruent les courans d'eau, & qui convettissent les prairies & les vallées en marais, en font des foyers d'exhalaisons pestillentielles, & qui font un obstacle au desséchement des marais. La société a souvent entendu les réclamations des habitans d'un grand nombre de paroisses, affligées de maladies & de mortalités, qui n'ont d'autre cause que la submersion occasionnée par les retenues des moulins.

Nous ne citerons que la paroisse de Roye-sur-le-Mats, dont les habitans, généralement malades & mourans, ne purent, l'année dernière, faire leurs moissons, qui seroient restées dans les champs, sans le secours de leurs voisins. Les maladies & la dépopulation de ces paroisses n'ont d'autre cause que les marais formés par des moulins.

C'est aussi pour le service des moulins, que l'on interdit l'usage des eaux pour les irrigations, qui

féconderoient les terres & les prés, que l'on obf-
true la navigation dans un grand nombre de rivières, que l'on perd des terreins précieux, pour
former des biefs & des étangs. D'ailleurs il n'y a
pas de moulin à eau qui n'ait été la caufe de plufieurs procès. L'établiffement des moulins des fieurs
Durand remédiera à tous ces maux.

Ils ont, en outre, des avantages inappréciables;
ils peuvent fe placer par-tout, par conféquent, à
portée de ceux à l'ufage defquels ils font deftinés;
leur fervice eft indépendant du vent, de la gelée,
des inondations, des féchereffes & des befoins de
la navigation, qui n'en exigera pas le chomage;
leur proximité étant à volonté, il n'y a pas de perte
de tems, ni de frais pour s'y rendre; on ne fa-
tiguera ni les chevaux, ni les harnois, & l'on ne
dégradera point les chemins; le blé, ni la farine
ne feront point mouillés en route. On cherche les
moyens de donner du travail aux ouvriers fans ou-
ouvrage; ces moulins peuvent les occuper : il n'y a
ni tems, ni heure, ni faifon contraires à ce travail.
Les aveugles, qui n'ont pas d'autres infirmités, y
trouveront une reffource contre la misère. Nous
ofons ajouter que le foldat, dans le tems d'inac-
tion, pourroit être occupé à moudre pour la confommation du régiment, & même pour celle du
public; en gagnant le prix ordinrire de la mouture, il jouiroit de l'aifance, conferveroit fes forces
& fa fanté, pour foutenir les fatigues de la cam-

pagne ; le pauvre, fans ouvrage, en trouveroit toujours en travaillant à la mouture pour les grandes
villes ; le propriétaire n'auroit plus à s'inquiéter fur
fon blé & fa farine, qu'il ne perdroit pas de vue.
La mouture feroit à meilleur prix que dans les autres, pas moins parfaite, & le déchet moins confi-
dérable. Enfin, la conftruction des moulins à manége ne monteroit pas au prix des conftructions
ordinaires des autres moulins ; elle n'exige de fon-
dations qu'autant qu'on y joindroit des bâtimens,
pour greniers & magafins ; il ne faut que de la
petite charpente ; l'entretien en eft beaucoup moindre ; nous le répétons, ils débireroient autant de
grains que les moulins à eau.

Ces ufines doivent donc devenir un objet d'en-
treprife & de fpéculations pour les particuliers, &
d'adminiftration pour les grandes villes, afin de ne
pas commettre leurs fubfiftances au fort des féchereffes, des gelées, des inondations & autres acci-
dens. La ville de Paris, par exemple, pourroit en
établir dans les bâtimens où elle fait fes greniers ;
elle épargneroit les tranfports aux moulins, quelquefois éloignés, où elle envoye fes grains.

Nous terminerons l'énumération de tous ces
avantages, par un de ceux qui touchent le plus
la fociété. Les defféchemens des marais & les irrigations des prairies multiplieront les fourrages, les
beftiaux, tous les genres de bien qu'ils nous procurent, les engrais, & l'abondance des moiffons.

J'ai donné au public l'état des Importations faites en France, en 1787. Voici celui de l'année fuivante ; il achevera de convaincre de la néceffité de s'occuper des opérations qui doivent nous procurer, fur notre fol, tout ce que nous tirons de l'Etranger.

ETAT des matières du fol, & des Fabriques étrangères importées dans le Royaume, pendant l'année 1788, & que la France peut obtenir, pour la plus grande partie de fon fol & de fes Fabriques, fi les opérations qu'on a indiquées font faites, même en partie.

	liv.
Bois de Conftruction, de Marqueterie & de Teinture, ...	12,263,000
Cendres, Soudes & potaffes, ...	5,464,000
Charbon, ...	6,845,000
Métaux bruts & ouvrés, ...	21,747,000
Bray & Goudron, ...	.. 601,000
Suif en pain, ...	4,612,000
Soye, Bourre de foye, Filofelle, . . .	21,490,000
Laine, ...	17,399,000
Coton, ...	17,803,000
Chanvre, ...	7,246,000
Lin, ...	2,028,400
Fils divers & à dentelle, ...	3,017,000
Poil de Chevre, de Lievre & de Lapin, .	1,329,000
Cuirs & Peaux, en poil, ...	5,836,000
Cire jeaune & brute, ...	1,472,000
Huile de poiffon & de graines, . . .	1,801,000
Toiles de toute fortes de fabriques, . .	24,666,000
Etoffes & Draperies, en laine, . . .	15,599,000
Bonneterie, ...	1,346,000
	172,564,400

	liv.
Ci-contre.	172,564,400
Rubanerie, ...	2,044,000
Dentelle de fil & de soie, ...	1,117,000
Mouchoirs de soie & des Indes , . . .	.. 804,000
Fayance , Poterie & Téraille , ...	1,935,000
Mercerie , ...	2,204,000
Quincaillerie , ...	4,221,000
Pelleterie , Peaux apprétées , ...	.. 808,000
Ouvrages en Cuirs, Bois, Métaux , Terre,	1,532,000
Verrerie , ...	.. 513,000
Voitures , ...	.. 624,100
Librairie , ...	.. 630,000
Papéterie , ...	.. 264,000
Chairs salées , ...	4,113,000
Beurre , ...	2,842,000
Fromage , ...	4,146,000
Fruits verds , confits & secs , . . .	2,529,000
Grains , Legumes , ...	13,524,000
Froment , ...	8,836,000
Huile d'olive , ...	27,454,000
Poisson de toute sorte , ...	2,739,000
Cacao , ...	2,060,000
Caffé du Levant & Moka , ...	.. 561,000
Sucre des rafineries étrangères , . . .	.. 596,000
Thé , ...	.. 814,000
Eau-de-vie de Geniévre , ...	2,215,000
Eau-de-vie de vin d'Espagne , . . .	5,140,000
Bierre , ...	.. 520,000
Vins divers , & de Liqueurs , . . .	.. 892,000
Bœufs, Porcs & Moutons, ...	6,408,000
Chevaux, Mules & Mulets , . . .	3,124,000
Drogues médécinales , ...	1,982,000
Drogues pour Peinture & Teintures , . .	12,311,000
Poivre & Piment , ...	2,294,000
Gérofle , ...	1,134,000
Canelle , ...	.. 547,000
Muscades & autres épiceries , . . .	.. 390,000
Tabac , ...	4,113,000
Divers autres articles , dont la masse est de	2,234,000
TOTAL	302,282,500

On voit que dans nos importations, il y a une masse énorme de matières que notre sol peut fournir.

Nous n'avons exporté dans la même année, que pour 207 millions des matières des mêmes genres, & ce n'est qu'avec les Denrées de nos Colonies, c'est-à-dire le Sucre, le Café, l'Indigo, &c. que nous avons fait la balance.

Les opérations que nous avons indiquées nous procureront le Bétail, le Lin & le Chanvre. Dès lors, nos Manufactures auront les matières à meilleur compte, & si nous employons nos bras, nos mains oisives, notre supériorité est assurée. La salpétrière seule pourroit habiller l'armée, les prisons, les maisons de force, faire leurs frais par le travail, les enfans trouvés instruits dans l'Imprimerie, les femmes mêmes pourroient exercer ces arts, ainsi que le propose Madame de Bastide. Enfin si nous employons les hommes & les terres, la Nation Françoise sera la première en prospérité, comme elle l'est par sa Constitution.

Tout homme a droit à sa subsistance ; mais le droit suppose un devoir, c'est le travail. La société doit pourvoir à la subsistance de ceux de ses membres qui en manquent, mais elle peut s'acquitter de cette dette en faisant travailler ses terres ou en donnant ses terres incultes pour les travailler, elles fourniront ensuite des matières qui seront un autre objet de travail & de subsistance. J'ai démontré dans un écrit sur le temps perdu qu'il s'en perd, par an, en France, pour huit-cents millions ; c'eſt le plus énorme des impôts. La France perd, en outre, autant ſur ſes terres mal cultivées ou en non-valeur. Voilà la ſource effrayante de la miſere & de la mendicité. On a propoſé tous les moyens de la faire tarir par les travaux les plus utiles, & les moins onéreux à la Nation ; on a indiqué les conſtructions les plus économiques, celles en piſé de M. Cointereaux, le moyen de remplacer ceux des moulins qui arrétent la navigation, cauſent les inondations & forment des marais peſtilentiels ; enfin les motifs, grands, puiſſans & preſſans, ſupérieurs à toute objection & à toute conſidération ſont indiqués : toute l'éloquence eſt dans ces mots, pour les ames honnétes & les bons françois : il s'agit de la proſpérité des arts, des avantages du commerce & du ſalut de la patrie ; il s'agit enfin de ſecourir les pauvres, tous les cœurs doivent voler au devant des moyens.

F I N.

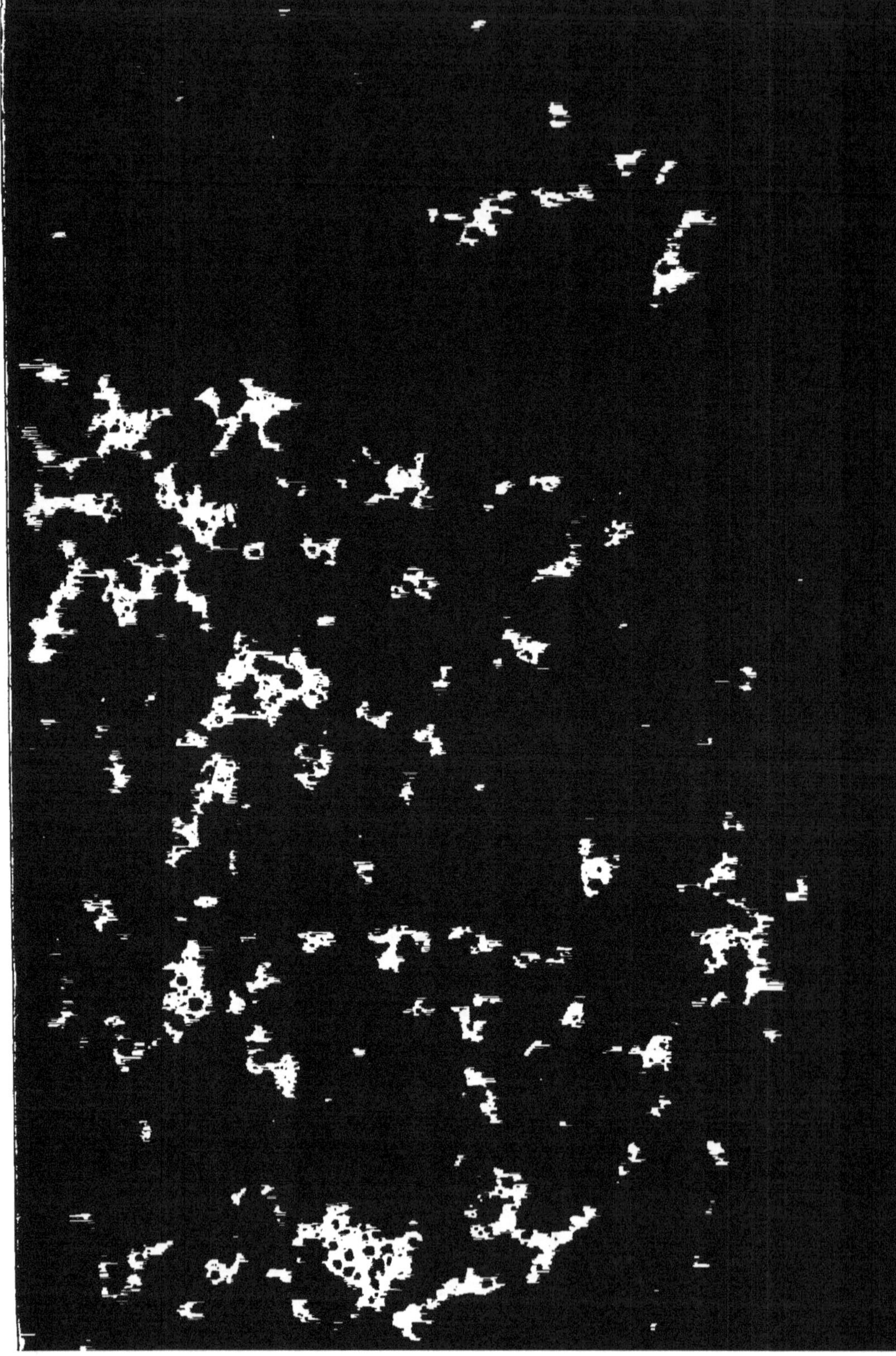

www.ingramcontent.com/pod-product-compliance
Lightning Source LLC
Chambersburg PA
CBHW061228030726
47595CB00004B/1434